O Hábito da Escrita
Em 21 Dias

O Hábito da Escrita Em 21 Dias

*Como Desenvolver Foco e Determinação
Para Ser Um Escritor Bem-Sucedido*

ELDES SAULLO

CASA DO
ESCRITOR

O Hábito da Escrita em 21 Dias
Como desenvolver foco e determinação
para ser um escritor bem-sucedido
Eldes Saullo

Revisão
Simone Alves

Produção Gráfica e Editorial
Casa do Escritor

Saullo, Eldes,
O Hábito da Escrita em 21 Dias – Como
desenvolver foco e determinação para ser um
escritor bem-sucedido - 1ª Edição

Eldes Saullo – São Paulo – Casa do Escritor: 2017

ISBN 978-1543137033

1. Referência 2. Publicação e Livros 3. Habilidades
de Escrita
I. Título

Sumário

*Este livro é dedicado a todos os escritores,
aos inspirados de ontem, hoje e sempre.*

"Daqui a um ano, você vai desejar
ter começado hoje"
(Karen Lumb)

Introdução

"Escreva sobre o que não deve ser esquecido"
(Isabel Allende)

Você já sonhou em publicar um livro?

Sim! Em algum momento da sua vida você já pensou nisto. Pode ter sido um pensamento rápido ou um comentário no meio de uma brincadeira.

Tenho certeza disto porque o simples fato de você estar lendo este e-book demonstra que existe ou já existiu um desejo real de levar seu conhecimento, experiência, ideias ou fantasias para o mundo através da maior invenção do homem: o livro.

Algumas pessoas já conseguiram transformar este sonho em realidade, tornaram-se escritores publicados. Muitos, porém, acabam não levando a ideia adiante e a trancam na gaveta das coisas muito difíceis de fazer.".

Essa é aquela gaveta que vive cheia de crenças limitantes:

- Não tenho tempo
- Não sou escritor
- Eu procrastino
- Não tenho motivação
- Vou ter bloqueios criativos
- Eu sou perfeccionista
- Não tenho tempo para pesquisar
- Não tenho talento suficiente
- Não tenho ideais ou inspiração
- Não tenho um método para escrever

Para mim, o único problema de escrever um livro é que, após publicá-lo, dá uma vontade enorme de escrever outros.

O objetivo deste e-book é lhe dar, mais do que vontade e razões, a certeza de que publicar um livro é um evento que vai mudar sua vida, a de seus leitores e pode, quem sabe, ajudar a mudar o mundo.

No primeiro capítulo, você vai descobrir como um livro transformou minha vida e porque "transformação" é o segredo dos Best-Sellers.

Depois, vou te dar algumas dicas para desenvolver confiança na sua escrita.

Nos capítulos seguintes, vamos falar de hábitos, de como desenvolver o hábito de escrever em 21 dias e sobre como aumentar sua produtividade como escritor.

A seguir, falaremos dos passos para escrever e publicar um livro e o que você pode fazer para aprender com os resultados de seu livro sem se frustrar. Tenho certeza de que você terá inspirações de sobra para iniciar seu livro ou, pelo menos, de que irá parar de inventar desculpas para não escrever.

Espero que este e-book te ilumine desde a ideia de conceber e escrever um livro, até a construção de uma obra consistente com alto poder de "Inspiração e Transformação", os principais ingredientes dos bons livros.

Você está pronto para encantar o mundo?

O Hábito da Escrita em 21 Dias

Como um livro mudou minha vida

"Objetivos são sonhos com prazo de entrega"
(Diana Sharf)

Nasci e cresci em Passa Quatro, uma pequena cidade no interior de Minas Gerais. Aos 18 anos, fui estudar e morar no Rio de Janeiro. Me formei em Comunicação Social, estagiei e trabalhei em agências de publicidade.

Como empregado, vendia meu tempo para meus patrões. Chegava em casa cansado e desmotivado. Eu sonhava em ter meu próprio negócio.

Então, aconteceu o que todo empregado teme: durante uma crise, a empresa passou por uma reestruturação e fui demitido. Apesar de ter apenas 26 anos, naquela época, eu já era casado e pai de dois filhos.

Para me virar, comecei a trabalhar como autônomo, fazendo ilustrações e manipulações de imagens para campanhas publicitárias. Felizmente, consegui ganhar um bom dinheiro desta forma, a ponto de recusar um convite para voltar ao meu antigo emprego.

Porém, como autônomo, você é um só, tem apenas uma cabeça e dois braços, o dia só tem 24 horas e a semana apenas sete dias. Por mais que eu quisesse, não tinha como pegar novos projetos que surgiam, porque não conseguiria dar conta. Volta e meia, precisava virar madrugadas para entregar pedidos.

Então, resolvi que era hora de contratar pessoas para me ajudar e abri uma agência digital. Foi quando realizei o sonho de ter um negócio próprio. Tornei-me um empreendedor.

Participei de centenas de projetos digitais, de desenvolvimento de websites a lojas virtuais, de hotsites promocionais a sistemas de educação à distância. Também prestei serviços para grandes editoras, como a Ediouro e a Nova Fronteira, o que me despertou para o mercado literário. Foi um período de muito aprendizado.

No entanto, quem já foi empreendedor sabe muito bem o que isto significa. Quando você é empregado, você acha que seu patrão te explora. Quando você é empreendedor, você acha que seus empregados, o governo, os bancos e todos os seus clientes te exploram. Mas não é isto o que acontece. A verdade é que, sempre que você vende seu tempo, lhe falta tempo para outro tipo de exploração: a dos seus próprios caminhos.

Para tentar solucionar este problema, tive a brilhante ideia de ampliar a empresa e descobri mais tarde que o número de funcionários era inversamente proporcional ao tempo que me sobrava. Pior, durante 18 anos como patrão, investi meu tempo em coisas que não eram capazes de me realizar de verdade e acabava ficando mais distante da família, dos amigos e das coisas que realmente importam na vida.

O que aprendi, nestes 25 anos como empregado, autônomo e patrão é que, pelo menos para mim, vender tempo é a receita certa para ter a frustrante sensação de andar, andar e não sair do lugar.

Talvez minha insatisfação fosse tão grande porque, no fundo, eu sabia que produzia coisas efêmeras, nada que pudesse transformar as pessoas ou que fosse capaz de deixar minha marca no mundo. Isso tudo me angustiava muito.

Segui por este caminho até que, em determinado momento, eu não aguentei mais. Ou eu mudava, ou surtava. Decidi fechar a empresa e me dedicar aos meus projetos pessoais. Para viabilizar uma transição mais suave, passei a fazer consultoria na área de mobile, até o momento em que eu tive condições de me dedicar totalmente àquilo que eu realmente desejava fazer: escrever.

Foi quando um livro me escolheu (sim, são eles que nos escolhem!). Em minha busca desesperada por realização, me deparei com

"Os Princípios do Sucesso", de Jack Canfield, uma obra rara com grande poder de inspiração e transformação. Para quem não sabe, Jack Canfield já vendeu mais de meio bilhão de livros, graças ao seu livro *"Canja de Galinha Para a Alma"*.

Posso afirmar que *"Os Princípios do Sucesso"* mudou definitivamente a minha vida. Jack me obrigou a parar e a pensar em meu propósito. Através dele, conheci a famosa frase de Mark Twain:

"Os dois dias mais importantes da sua vida são: o dia em que você nasce e o dia em que descobre por quê."

A primeira coisa que descobri, depois de fechar o livro, foi que eu não procurava o sucesso, palavra tão mal compreendida e controversa do nosso vocabulário.

Nossa sociedade vende o sucesso dos outros como se fosse possível reproduzir seus passos e alcançá-lo da mesma forma. Esquece-se de que cada pessoa tem uma história e um contexto diferente de ambiente, cultura e pessoas ao redor, o que torna impossível esta tarefa.

Somente quando você se dá conta de que sucesso é algo individual e que cada pessoa precisa descobrir por si os caminhos para alcançá-lo, você se torna livre para ser você mesmo. As pessoas não buscam o sucesso, elas buscam LIBERDADE, outra palavra não muito simples de entender.

Dei-me conta que, até aquele momento, eu vivia nos mundos do "O QUE FAZER" e do "COMO FAZER", as origens das maiores insatisfações humanas. Descobri que você só se torna capaz de ser livre quando descobre "POR QUE FAZER". Isso é mais conhecido como "Descobrir sua Razão de Ser".

Sempre fui um acumulador de informação. Leio e estudo muito. Aprendi, na teoria e na prática, tudo o que podia e não podia ser feito em matéria de escrita criativa, escrita analítica, marketing e empreendedorismo.

Também sou fascinado pelo cérebro humano e por espiritualidade. Sim, transito entre ciência e religião - e sempre leio todos os livros que me escolhem sobre estes assuntos.

Chegou um momento que eu descobri que não poderia continuar aprendendo se não fosse capaz de ensinar. Então, decidi escrever livros e dar aulas e a mágica aconteceu. Eu, finalmente, descobri o meu propósito: Inspirar e ensinar pessoas a propagarem seu conhecimento e experiências.

Não preciso dizer que o melhor veículo para isto são os livros.

Finalmente consegui sair da roda do desespero e ganhei minha liberdade.

Sei que a verdadeira liberdade só é possível em seu interior e, para mim, não existe momento mais livre do que aquele em que você se conhece mais um pouco. Mas existem alguns tipos de liberdades externas que nos proporcionam mais tempo para buscar o autoconhecimento, o verdadeiro caminho para a libertação plena.

São elas:

A Liberdade de Tempo e de Espaço

Não significa apenas fazer o que você quer na hora e no lugar que achar melhor, mas fazer o que tem que ser feito sem precisar se limitar a um espaço físico ou aos ponteiros do relógio.

A Liberdade Financeira

Varia de pessoa para pessoa. Para muitos, significa ter o carro mais potente; para outras, é poder andar descalço no parque. O significado de liberdade financeira, para mim, é ser valorizado por meu conhecimento e não pelo limitado número de horas do meu relógio.

A Liberdade de Propósito

Certamente, a maior das liberdades, pois conecta a liberdade interna com a externa. Ter uma Razão de Ser é o único caminho possível para a satisfação interna. Não há satisfação plena em apenas ter coisas ou em fazer por fazer.

Neste período de descobertas e redescobertas, escrevi livros, dei cursos e palestras.

Dos meus doze livros publicados até o momento, seis deles chegaram ao topo do ranking dos mais vendidos da Amazon no Brasil, e todos os outros já estiveram na lista dos dez mais.

Mas a maior satisfação que eles me proporcionaram foi a de que eu estava, finalmente, inspirando e transformando a vida de milhares de pessoas. Eu tenho uma missão de vida e me sinto um homem livre.

Hoje, moro novamente na pequena cidade mineira de 15 mil habitantes onde cresci, não uso mais relógio e faço o que mais gosto na vida: escrever.

Portanto, a principal razão que te dou para escrever e publicar um livro é: **Escrever liberta!"**

Liberdade é a melhor definição de sucesso. Não há realização maior no plano externo do que a liberdade para viver e trabalhar onde, com quem e quando quiser, ser valorizado por seu conhecimento e experiência e...

Ser quem você realmente é!

Para escrever, a primeira coisa que você precisa fazer é **desenvolver sua autoconfiança.**

Como desenvolver confiança em sua escrita

"Simplicidade é a chave de toda elegância"
(Coco Chanel)

A primeira palavra do dicionário de um escritor deveria ser "Confiança". Apesar de apenas surgir lá pelo final da letra C, o sentimento descrito no verbete é a chave da realização quando o objetivo é escrever.

Você pode nunca ter publicado um livro, ter ele guardado em uma das gavetas do seu quarto ou da sua cabeça, ou já pode até ser um autor publicado, mas se você não cultiva diariamente a confiança em si mesmo e na sua escrita, tudo fica mais difícil.

De vez em quando, você tem uma sensação fantástica de que escreve muito bem. Você tem consciência de que o primeiro draft de um livro não está perfeito, mas sabe que tudo pode ser melhorado. Mais do que isso, você acredita que possui uma mensagem ou uma história que merece ser compartilhada com o mundo.

No entanto, se você for como a maioria dos escritores, e me incluo nessa, já se deu conta de que o aparelho que mede os níveis de confiança vive oscilando para cima e para baixo.

Algumas vezes, você se pega pensando na distância do que você acabou de escrever e a lata de lixo, se o esforço vale a pena já que nada acontece ou, pior, se pode se considerar um escritor de verdade.

Pensamentos como este acabam sugando sua energia, tomam um tempo que poderia ser melhor empregado na criação de histórias e podem causar paralisia de alguns dias, meses e até anos.

O que você escreve nunca é bom o suficiente?

Você não está sozinho. Às vezes, somos extremamente críticos com nós mesmos, de uma forma que talvez nunca fôssemos ao analisar o trabalho de outro autor.

Imagine se um novo escritor te pedisse para analisar o trabalho dele. Você não responderia com gentileza e solidariedade? Eu realmente espero que sim. É desta forma que você também precisa olhar para seu próprio trabalho.

Com isto, aqui vão algumas dicas para fortalecer a confiança em sua escrita:

1. Cale os Fantasmas na Sua Cabeça

Nós somos a resultante de muitas combinações genéticas, culturais, familiares e sociais, não necessariamente nesta ordem. Na verdade, podemos afirmar sem medo que somos frutos da desordem de ideias e ideais de muitas outras pessoas e grupos.

As vozes de parentes, das pessoas com as quais crescemos juntos, de professores e outros influenciadores tiveram um grande impacto em nossa maneira de pensar desde as idades mais tenras.

Se você parar um segundo e tentar se lembrar de algumas delas verá que muitas não foram nada construtivas, muito pelo contrário.

Colocar um fim em conceitos negativos, pensamentos limitantes e em nossa preocupação sobre como as outras pessoas nos enxergam é difícil, mas pode ser feito com o auxílio de meditação, contemplação e até mesmo com boas risadas.

Veja desta forma: o que os outros pensam ou pensavam de você não é da sua conta.

Portanto, cale as vozes de terceiros que atormentaram ou atormentam o seu ser.

2. Siga os Conselhos dos Mestres da Escrita

Todos os grandes escritores, até mesmo os best-sellers, passaram por momentos em que sentiram o peso da cesta de lixo carregada de bolotas de papel amassado. Ao analisar o que eles disseram sobre suas dificuldades, você se dá conta de que o que enfrenta é algo absolutamente normal.

Joseph Chilton Pearce dizia que para viver uma vida criativa você precisa primeiro perder o medo de estar errado. Orwell comparava o processo de escrever um livro ao surto de uma doença dolorosa. Ninguém em sã consciência levaria este projeto adiante se não fosse conduzido por uma espécie de demônio impossível de resistir e de compreender.

Para alguns, pode funcionar o conselho de Ray Bradbury de apenas sair do caminho e deixar que a intuição seja o guia. Outros podem encarar melhor a dica de James Joyce de que os erros são portais para grandes descobertas. No mais, ler outros escritores discutindo o processo de escrita é muito útil para olharmos o fruto de nosso trabalho com mais compaixão.

3. Aprimore Seus Talentos

A esta altura do campeonato, você já sabe que não existem regras para escrever bem. No entanto, existe uma infinidade de ferramentas para auxiliar seu trabalho de colocar uma palavra ao lado da outra.

Dos recursos gramaticais, até as particularidades e requisitos de cada gênero, você tem à disposição, na Internet ou em livros, uma infinidade de bons conselhos que não precisam ser seguidos à risca, mas que podem ser extremamente úteis naquele momento que antecede a quebra de uma regra.

Nem todo mundo precisa de ferramentas, nem elas servem para todo mundo. Mas uma grande maneira de fazer sua confiança aumentar, ao mesmo tempo em que aumenta sua habilidade, é estar em contínuo aprendizado sobre a arte de escrever.

4. Converse Com Outros Escritores

Eu sei que isto pode ser assustador para alguns, mas não há nada mais reconfortante do que receber a opinião de alguém que também conhece o seu sentimento. Você pode estar certo de que a maioria será muito mais gentil e solidária com seu trabalho do que você próprio. Muitos irão te encorajar de uma maneira cativante.

Mas não basta apenas compartilhar seus escritos, ou parte deles, com outros autores e ouvir o que eles têm a dizer. É preciso fazer as perguntas certas:

- *"O que você acha que está bom?"*

- *"O que pode ser melhorado?"*

Saiba, porém, como distinguir as críticas construtivas das destrutivas. Algumas pessoas nasceram exclusivamente para colocar fogo no circo. Felizmente, são facilmente reconhecíveis.

Por outro lado, a crítica construtiva dará mais força aos seus escritos. Mesmo que seu ego remoa ao fundo dizendo que não mudaria uma única vírgula, reconhecer o que pode ser melhorado é um grande passo na conquista da confiança.

5. Profissionalize-se!

Se seu objetivo é ser escritor, você não pode tratar as atividades relacionadas à escrita apenas como um hobby. Se escrever é seu hobby, tudo bem, apenas reconheça que não é a principal meta de sua vida e continue. Escrever faz bem para a alma.

Agora, se você quer ser reconhecido como escritor, publicar muitos livros, incluindo alguns best-sellers, é preciso elevar a atividade de escrever a um novo patamar. Em qualquer outra profissão, você tem metas, tarefas, aprendizados e, através disto, obtém resultados. A confiança é conquistada com a experiência e com a prática. Não deve ser diferente na profissão de escritor.

Estabeleça suas metas, cumpra suas tarefas diárias sempre buscando aumentar a produtividade e reduzir a procrastinação, seja um eterno aprendiz da arte da escrita e os resultados virão. Pode confiar!

E lembre-se: tudo começa com **hábitos...**

O Hábito da Escrita em 21 Dias

Escrever é um hábito

"Nós somos o que fazemos repetidamente.
A excelência, então, não é um ato, mas um hábito."
(Aristóteles)

Stephen Covey escreveu o clássico *"Os Sete Hábitos das Pessoas Altamente Eficazes"*, leitura altamente recomendada para aqueles que têm problemas de produtividade e dificuldades para executar suas tarefas.

Seu xará, Stephen King, afirma que escreve, pelo menos, 10 páginas por dia, chova ou faça sol, não importando se é um dia comum ou feriado nacional. Até o presente momento, ele produziu 54 novelas, incluindo sete delas sob o pseudônimo de Richard Bachman, e aproximadamente 200 contos, o que faz dele um dos escritores mais prolíficos do nosso tempo.

Hemingway escrevia menos: 500 palavras por dia. Acordava cedo para escrever para aproveitar a paz e o silêncio.

James Joyce era da corrente do preciosismo. Ele era capaz de passar um dia inteiro escrevendo e reescrevendo apenas uma ou duas frases.

O que eles têm em comum? Eles escrevem, ou escreviam, todos os dias.

Você pode gostar de escrever deitado, como Truman Capote, ou em pé, caminhando, como Philip Roth, pode escrever em um computador ou à mão, porém, se não desenvolver o hábito da escrita, dificilmente irá viver dela.

Além de escrever, o autor independente tem outra tarefa que precisa cumprir diariamente: promover. Alguns escritores independentes bem-sucedidos sugerem que você destine 20% do dia à escrita e 80% para outras atividades como promoção e vendas.

Independente do tempo ou do número de palavras ou frases que você escreva, é importante saber dividir bem as duas principais tarefas para saber a hora de colocar o chapéu de escritor e a hora de colocar o chapéu de vendedor. A primeira tarefa requer o foco do seu cérebro emocional e a segunda do seu cérebro racional.

Em ambos os casos, tudo depende de hábito. Só ele é capaz de tornar sua escrita mais prolífica e seu marketing mais consistente.

Se você deseja mesmo construir sua história e negócios através da escrita precisa descobrir quando sua mente está mais criativa para produzir conteúdo, e usar os outros momentos para fazê-lo chegar às mãos de prospectos e leitores.

Você já ouviu falar em Ondas Gama?

Caso não saiba, as ondas gama são responsáveis pelo estado de hiperatividade e aprendizado ativo. O cérebro as produz quando estamos fazendo tarefas que necessitam de muito foco, e são relevantes para o processamento de informação, memória e percepção.

Desta forma, naquele momento do dia em que você se sente mais "acordado" e produtivo, você está produzindo ondas gama. Eis uma excelente hora para escrever.

Nos outros momentos, quando seu cérebro desperto costuma estar no padrão beta, você pode aproveitar o tempo para vender seu livro e se promover como autor.

Para isto, desenvolver o hábito de listar as tarefas mais importantes do dia é um passo crucial e altamente eficaz para o escritor. Na ordem de prioridades, escrever" precisa ser a tarefa mais importante e, vender, a segunda mais importante.

Com o chapéu da criatividade você gera conteúdo que transforma, o que é fundamental para ampliar sua credibilidade, autoridade e reconhecimento.

Com o chapéu do marketing, você gera visibilidade. O foco é fazer com que seu trabalho chegue às mãos de cada vez mais leitores.

Sempre procuro fazer cinco ações diárias de promoção de meus livros, estratégia que aprendi com Jack Canfield.

Com relação à escrita, muita gente pensa em números de palavras como um gol. É uma maneira válida de desenvolver um hábito.

Por outro lado, não adianta muito escrever 1000, 2000, 5000 palavras por dia se elas não têm consistência.

Neste caso, consistência é fazer as palavras contarem e não o contrário. É primar pela qualidade e não pela quantidade. Você não precisa chegar ao exagero de burilar uma frase por dia, como Joyce. Lembre-se que o mundo está repleto de livros perfeitos que nunca são publicados e jamais serão lidos. É melhor um livro imperfeito publicado.

Além de escrever e promover, duas outras tarefas precisam constar no seu calendário semanal e também serem habituais: planejar e aprender.

Costumo deixá-las para as sextas-feiras, quando organizo a agenda da semana seguinte e separo um tempo para ler e aprender coisas novas. Na minha agenda, a sexta-feira é o que chamo de *"Learning Day.* Saio em busca de novas informações relevantes para meu crescimento pessoal e profissional.

Neste dia, também planejo. Planejar, além de contribuir muito para a consistência do seu trabalho, é extremamente útil em outra tarefa difícil: dizer não para projetos que não estão alinhados com seu objetivo, com sua "Razão de Ser".

Desta forma, para conseguir escrever tantos livros em tão pouco tempo, foram 12 em três anos, tenho aprimorado os hábitos de:

1. Escrever: Mark Twain disse que existem três regras para escrever bem: escrever, escrever e escrever. Faço isto entre 4 da tarde e 8 da noite, que é quando meu cérebro está no auge das ondas gama. Muita gente prefere escrever pela manhã ou de madrugada. Enfim, você já deve saber muito bem quais são seus horários de criatividade máxima. Se ainda não sabe, procure identificá-lo.

2. Promover: uma frase que não me canso de repetir é que não existe ninguém melhor para promover seu livro do que você mesmo. Separo duas horas para as cinco ações de marketing diárias que me proponho: postar nas redes sociais, responder e-mails e mensagens, fazer um anúncio, enviar um e-mail para a minha lista, criar materiais de divulgação, verificar relatórios, entre outras.

3. Planejar: o planejamento é a luz do poste. Destine um tempo da sua semana para gerar ideias e planejar novos livros e conteúdos. Geralmente não escrevo às sextas-feiras e uso meu horário de pico deste dia para planejar um livro ou curso novo ou para organizar a agenda da semana seguinte.

4. Aprender: aprender é uma mistura de estudo e prática. Você estuda técnicas, regras, conceitos e depois coloca em prática, quando busca aprimorar o que aprendeu. Para aprender é preciso ler, o que também precisa ser um hábito diário. David Martín, personagem de *"O Jogo do Anjo"*, de Carlos Ruiz Zafón, coloca isso de forma bem humorada: "O único bom costume é ler, o resto é problema de cada um". Leio pelo menos 15 minutos todos os dias sobre temas variados e uso as sextas-feiras para as leituras relacionadas aos livros que estou planejando.

É óbvio que você precisa descobrir o que funciona melhor para você. No meu caso, estes quatro hábitos fazem com que em uma mesma semana, muitas vezes, eu esteja envolvido com quatro livros ou conteúdos em estágios diferentes:

1. **O que estou planejando:** o que me leva a pesquisar e ler assuntos relacionados ao tema.

2. **O que estou escrevendo:** de segunda à quinta, com sol ou com chuva.

3. **O que estou produzindo:** o livro em fase de pré-publicação, por exemplo. Leia-se revisão, formatação, design e publicação.

4. O que estou promovendo: com foco no último lançamento sem abandonar os que já são parte do meu "catálogo".

Ser mais produtivo requer também mais alguns hábitos:

Ter Disciplina: nós crescemos relacionando disciplina com punição, por isto sentimos uma pontada no estômago quando falamos ou ouvimos esta palavra. No entanto, a disciplina pode ser prazerosa, pois seu maior resultado é a Liberdade. Seja em uma seção de meditação ou em uma ação externa, ela é o único caminho possível para você conseguir ser realmente livre.

Medir Resultados: Meça quanto tempo você dedica à escrita, quantas palavras escreve em uma hora, quantas ações promocionais consegue fazer em duas. Pode parecer banal, mas é um passo importante que ajuda na consolidação dos hábitos. Costumo usar uma planilha onde coloco a data, o tempo gasto, o título do livro, o número de palavras escritas e o local onde escrevi para monitorar a produtividade da escrita, e outra planilha com data, ação e resultados para avaliar as ações de marketing. Avalie como anda a consolidação de seus hábitos. Isso também ajuda a medir o sucesso.

Manter o Foco: use bem a *Regra de Pareto.* Tenha sempre em mente que 80% dos seus resultados vêm de 20% de seus esforços. Isso ajuda bastante a dizer não e a não se meter em tarefas que podem muito bem serem terceirizadas.

Para terminar, uma adaptação dos Sete Hábitos listados por Stephen Covey para a vida de quem escreve:

1 – Seja proativo - Não espere que as coisas aconteçam. Faça-as acontecer. Tenha atitude. Escreva e promova-se todos os dias. Lembre-se: atração termina com ação.

2 – Comece com o objetivo em mente - Descubra seu propósito e seus objetivos verdadeiros na vida e defina sua missão. Este é um passo importante para se ter foco.

3 - Primeiro o mais importante - Defina suas prioridades e comece sempre pela mais importante. Vou repetir: escritores devem ter duas prioridades em sua vida: escrever e vender.

4 - Pense em ganha-ganha - Em todos os seus relacionamentos, especialmente com leitores ou parceiros, esforce-se para encantar e encontrar soluções benéficas para todas as partes.

5 - Primeiro procure compreender, depois ser compreendido - Isso vale para seus livros. Procure compreender o que seu leitor precisa antes de desejar ser bem vendido e avaliado por eles.

6 - Crie sinergia - Combine o poder das pessoas para ganhar força e diminuir seus esforços. Se você quiser ir rápido, vá sozinho. Se quiser ir longe, vá junto. Se você não é especialista em design, por exemplo, não tem porque você mesmo fazer a capa do seu livro.

7 – Afine o instrumento - Cuide do corpo, da mente, do espírito e das pessoas que você ama. Seja uma pessoa cada vez melhor em todos os campos da sua vida. Isso irá se refletir em seus resultados.

Resumindo, tornar-se um escritor que escreve e publica bastante depende de hábitos consistentes. Sei que cada pessoa funciona de uma maneira, então, cabe a você estabelecer e praticar seus hábitos de acordo com seu tempo, constituição e disposição. Esforce-se, porém, sem forçar a barra.

A seguir, um exercício para você criar e fortalecer **o hábito da escrita.**

O hábito da escrita em 21 dias

"Primeiro fazemos nossos hábitos.
Depois nossos hábitos nos fazem"
(John Dryden)

Eu queria tirar o açúcar de minha alimentação, principalmente na parte da manhã. Mas havia um problema: o café. O café é uma daquelas bebidas que imploram para serem adoçadas. Tentei usar adoçantes alternativos, mas não fiquei satisfeito.

Então, decidi abolir completamente para ver no que dava. Comecei a tomar o café completamente amargo, apenas café e coragem.

No começo, foi uma tortura, eu achava que nunca conseguiria. Depois de uma semana, eu ainda comentava sobre como era ruim, mas segui determinado. Depois de três semanas, o café sem açúcar se tornou tão natural para mim quanto com. Se é possível adotar um hábito que inicialmente nos parece ruim, imagine, então, com um que nos dá prazer.

Existem muitas teorias sobre a formação de hábitos. Uma delas diz que se repetirmos uma atividade ou tarefa, - como escrever, por exemplo, - por 21 dias, ela se torna um hábito. Outras ideias falam em dois meses, que são necessários, pelo menos, 60 dias.

Mito ou não, a verdade é que hábitos têm mais relação com a repetição do que com um número mágico como 21 ou 60.

No entanto, a ideia de tornar a escrita um hábito em três semanas tem sentido. O tempo é curto para ser inspirador e longo o suficiente para impactar na repetição.

Portanto, não custa experimentar...

Durante 21 dias seguidos, chova ou faça sol, escreva sobre os temas propostos na lista a seguir.

Pense que você também pode escrever um e-book neste período. Basta trocar os temas propostos por uma lista de assuntos relacionados a um tema escolhido e desenrolar cada um deles ao longo dos 21 dias.

Estabeleça um tempo mínimo de 15 minutos e máximo de 30 minutos para a tarefa.

Escreva um mínimo de 100 e um máximo de 500 palavras sobre o que é proposto.

Encare esta atividade de forma prazerosa. Acima de tudo, divirta-se!

Dia 1

Escreva três parágrafos sobre alguém da sua família. Comece apresentando esta pessoa. Depois, conte porque ela é importante para você. Qual é a lembrança mais importante que tem desta pessoa?

Dia 2

Leia uma notícia de jornal, revista ou Internet e escreva sobre ela. No primeiro parágrafo, resuma o fato, o que aconteceu, com quem e quando. Em seguida dê sua opinião. Para terminar, levante uma dúvida ou questão sobre o ocorrido.

Dia 3

Ouça ou pegue a letra de uma música que você goste. Comece dizendo por que você gosta dela. Depois, liste dois ou três sentimentos que a música desperta em você. Em seguida, pegue a primeira estrofe e tente explicar o que significa cada frase.

Dia 4

Releia algo que você escreveu no passado. Deixe de lado e reescreva com novas palavras e com uma nova abordagem.

Dia 5

Escreva a primeira palavra que vier à sua mente. Em seguida, escreva outras cinco palavras que têm associação com a primeira. Escreva uma frase para cada uma delas. Tente manter uma unidade entre as frases.

Dia 6

Faça um poema de três estrofes sobre um tema aleatório.

Dia 7

Escreva sobre um problema que você tenha ou sobre um problema da humanidade. Liste três possíveis soluções para eles em frases diretas e concisas.

Dia 8

Olhe para um produto qualquer diante dos seus olhos. Escreva uma lista com cinco vantagens e cinco desvantagens deste produto.

Dia 9

Pense no dia de ontem. O que você fez, que situação você passou ou com quem você se relacionou? Descreva um ocorrido que mereça ser destacado. Escreva três parágrafos com começo, meio e fim.

Dia 10

Crie um super-herói ou uma criatura fantástica. Fale sobre seus superpoderes ou sobre o que ela é capaz. Pense em suas cinco maiores habilidades e em suas cinco fraquezas.

Dia 11

Qual é o seu hobby predileto? Responda por que você gosta tanto dele, quais são as três coisas que você mais conhece sobre ele e termine com uma lista de sete itens que uma pessoa precisa saber para compreender este hobby.

Dia 12

Relembre uma grande experiência de sua vida. Escreva três parágrafos e faça uma reflexão sobre o que você aprendeu com ela.

Dia 13

Sente-se, observe o mundo por alguns minutos e depois anote a primeira ideia que passar por sua cabeça. Escreva três parágrafos sobre isto.

Dia 14

Pense em um profissional qualquer. Pode ser um médico, um advogado, um policial ou qualquer outro que lhe vier à mente. Escreva um conto sobre algo estranho que aconteceu com este profissional no exercício de sua profissão.

Dia 15

Relembre uma grande emoção que você passou na vida. Escreva sobre ela.

Dia 16

Observe ou pense em uma determinada pessoa. Imagine uma história com base em sua aparência, objetos ou atitude.

Dia 17

Olhe para um objeto da sua casa, como um abajur ou uma relíquia de família. Faça uma descrição o mais detalhada possível sobre ele.

Dia 18

Pense em alguma coisa que te irrita. Responda por que isto te tira tanto do sério. Liste três coisas que você pode fazer para não se irritar quando acontecer de novo e três conselhos para você se lembrar disto.

Dia 19

Pense em um tema muito polêmico. Escreva cinco linhas dizendo por que você é a favor ou contra. Escreva outras cinco linhas tentando refutar cada opinião que você mesmo emitiu, como se você fosse outra pessoa.

Dia 20

Quem é seu escritor, inventor ou personalidade favorita? Pesquise sobre ela na Wikipédia e escreva um texto sucinto com sua história. Quem foi, o que fez de extraordinário e qual foi o maior desafio de sua vida.

Dia 21

Defina um tema que te agrade. Procure e liste cinco citações sobre ele. Escreva um comentário sobre cada uma delas.

Antes de começar este exercício, preciso te fazer algumas recomendações sobre **organização e produtividade.**

Como aumentar sua produtividade na escrita

"Comece fazendo o que é necessário.
Então, faça o que é possível. E, de repente,
você estará fazendo o impossível."
(São Francisco de Assis)

Depois de trabalhar sua mente para adquirir o hábito da escrita, é necessário que você desenvolva outra habilidade: a da organização, a melhor maneira de alcançar a produtividade.

Além de descobrir como dividir seus horários para cumprir suas tarefas, é imprescindível que desenvolva a capacidade de resistir às distrações e interrupções. Eis aqui, nove dicas para espremer tempo e para tornar sua escrita mais produtiva e rentável nos dois sentidos, na capacidade de criação e produção e nos resultados:

1. Utilize uma Agenda

A melhor invenção do homem depois da máquina de lavar louça é a agenda. Com ela fica muito mais fácil tirar as *"pré-ocupações"* da cabeça e fazer com que elas só retornem na hora em que você permitir.

Minha sugestão é que você organize uma agenda semanal e separe uma hora no fim das sextas-feiras para planejar a semana seguinte inteira. O resultado é que você vai poder passar um fim de semana mais tranquilo sem se preocupar com o que tem que fazer a partir de segunda-feira.

O Google Calendar é uma excelente ferramenta para isto, pois permite criar agendas independentes (escritor, pai, mãe, marido, esposa, empresa etc), colorir os eventos, arrastar e esticar quando necessário. O equilíbrio é muito importante para poder distribuir suas tarefas e estimar bem o tempo necessário para cada uma delas.

Quer escrever duas mil palavras? Reserve duas horas em sua agenda. Planeje suas atividades profissionais, pessoais e sociais e, chova ou faça sol, cuide para que a programação seja cumprida.

Cada pessoa também tem um relógio biológico próprio e o cérebro de cada um funciona melhor em determinados horários do que em outros. Sua agenda precisa se adaptar a isso.

Identifique os horários em que sua escrita é mais produtiva, aquele momento em que sua barra de energia está lá em cima gerando ondas gama de primeira, e rearranje sua agenda para que este período seja utilizado com eficiência. Isso irá lhe ajudar a – criar bons conteúdos, a obter maior eficácia ao fazer aquilo que precisa ser feito garantindo que os resultados sejam mais efetivos.

Se você não é um escritor *full-time* e sua agenda não permite que você escreva antes, durante ou depois do horário comercial. Alguns preferem escrever tarde da noite, outros muito cedo, antes do mundo acordar, pois sabem que não serão interrompidos.

2. Elimine distrações e interrupções

Um dos maiores problemas do homem moderno é manter o foco. Seja antes de iniciar uma tarefa, durante, ou até mesmo no intervalo entre uma e outra, somos tentados a dar uma espiadinha no mural ou no e-mail, a checar as notificações do celular ou a nos distrair diante de um programa de TV.

Estabelecer horários para estas atividades é a melhor atitude para que elas não interrompam e acabem atrasando seus projetos ou te desanimando. Se o vício é grande, utilize ferramentas de bloqueio que limitam o uso dos websites que te tomam tempo, deixe o celular longe ou no modo avião ou tire a TV da tomada. Entretenimento é bom nos momentos certos. Querer se distrair ou entreter-se o tempo todo é prejudicial ao futuro.

Com relação ao e-mail, aprenda o seguinte: o e-mail é a agenda dos outros, não a sua. Portanto, estabeleça dois ou três horários diários para ele e mantenha este compromisso. Outra ação que você pode tomar é avisar as pessoas que não quer ser interrompido durante as próximas horas.

Existem diversos conteúdos e métodos para aumentar a produtividade, fazer mais e melhor, evitar a procrastinação, e não deixar para algum dia aquilo que você precisa fazer hoje.

Encontre o que mais se adéqua ao seu perfil, aprenda como fazer seu tempo render mais e, de quebra, descubra como diminuir a ansiedade com maior controle sobre seus horários. Nada é capaz de gerar mais ansiedade do que querer fazer algo e não ter tempo ou deixar que as interrupções e distrações roubem boa parte dele.

Gaste seu tempo somente com o que é absolutamente necessário.

3. Coloque metas

Nada melhor para manter o foco e dizer não do que estabelecer metas.

Divida seu livro em capítulos, insira cada um deles em sua agenda e foque em cumprir seus gols. Quando você faz isso, seu cérebro trabalha, mesmo que de forma inconsciente, para organizar o mapa mental na direção de seus objetivos.

Não subestime também o poder que uma meta tem de lhe trazer inspiração. Nada como um prazo para que as musas fiquem assanhadas.

Picasso dizia: Que a inspiração chegue não depende de mim. A única coisa que posso fazer é garantir que ela me encontre trabalhando. Veríssimo diz que a musa do escritor é o prazo, e garanto que isso é verdade.

4. Peça cobranças

Sabe aquela estratégia de avisar os amigos que você parou de fumar para que eles te encham o saco se você cair em tentação?

Fale do seu livro para um ou mais amigos e marque uma data de lançamento. Diga: Meu livro vai ser lançado no fim de setembro, OK?". Se você furar o prazo, vai precisar arrumar uma bela desculpa ou arcar com a vergonha de ser um falastrão sem compromisso.

5. Divida seu dia em blocos

Dividir o dia em blocos é uma estratégia que funciona bem, principalmente para os múltiplos perfis que cada um de nós tem.

Sou escritor, empresário, pai, marido e participo de eventos sociais. Desta forma, separo muito bem os horários de cada área de atuação para poder ser mais presente.

Destino duas horas entre a divisão "acordar" e a divisão "trabalho, que é quando medito, caminho e faço as atividades rotineiras das manhãs de quem tem uma família grande.

Às oito em ponto mergulho no trabalho. Como minhas ondas gamas são mais frequentes na parte da tarde, uso a parte da manhã para divulgar e promover meus livros. Depois, vem a divisão almoço, seguida novamente de trabalho, até a última divisão fim do trabalho, quando paro as atividades profissionais para me dedicar ao lado pessoal e social.

Uma forma de marcar bem seus "blocos" durante o dia é utilizar o alarme do seu celular não só na hora de acordar, mas também para te despertar" para os compromissos que você programou.

Os alertas e notificações da agenda também são bastante úteis, pois te avisam a hora de focar em uma tarefa específica. Basicamente, uso os alarmes para as grandes divisões do dia e os alertas para as tarefas, como veremos a seguir.

Faça uma divisão macro do seu dia e cuide para que atividades de um perfil não avancem ou atrasem a de outro. Respeite também as pausas. Antes de começar a fazer uma tarefa, defina um tempo e uma meta. Você não imagina o poder de realização que isto possui. No fim de semana, desligue todos os alarmes e alertas, afinal, ninguém é de ferro.

6. Faça uma lista de tarefas

Você quer escrever um livro? Para tornar isso uma realidade, nada melhor do que separar seu objetivo em tarefas menores até que o marcador mostre 100% cumprido".

Um livro, por exemplo, necessita de pesquisa, planejamento, escrita, reescrita, edição, revisão, produção, publicação e marketing. Se você não quebrar em partes, pode ficar paralisado sem saber o que e quando fazer.

Lance cada etapa do seu livro em sua agenda e divida as grandes tarefas em tarefas menores. Na parte de escrita, por exemplo, cada capítulo é uma sub-tarefa.– Cumpra os horários que você determinou para cada uma delas e, muito em breve, seu livro estará pronto.

7. Comece pelo mais importante

Se você coloca metas que te fazem pular da cama, evita as distrações e dá um basta na procrastinação, fica muito mais fácil produzir.

Organize todas as tarefas por prioridade e comece pela mais importante. E lembre-se do Princípio de Pareto: 80% das consequências advêm de 20% das causas.

No marketing, a regra diz que 80% das suas receitas são resultantes de 20% das suas ações e não o contrário. Portanto, concentre seu tempo em atividades que façam valer cada minuto.

Desta forma, atividades que não tenham relação direta com seus objetivos podem ser feitas se sua agenda permitir ou, na maior parte das vezes, terceirizadas.

Importante: faça uma coisa de cada vez e comece sempre pela tarefa mais difícil, o que torna as outras mais fáceis por comparação.

8. Recompense-se

Existe uma piada que diz que nada é capaz de fazer uma pessoa correr atrás de seus objetivos como ter uma cenoura na frente ou uma cenoura atrás.

Claro que a primeira é muito melhor. Então, prometa a si mesmo recompensas que fortaleçam seu comprometimento com suas próprias metas para evitar que elas tenham que ser guiadas pela segunda cenoura.

9. Peça ou contrate ajuda

Você não precisa programar seu website, criar a capa do seu livro ou fazer a revisão. Existem diversos serviços online onde você pode terceirizar as atividades que não são responsáveis por 80% das suas receitas. Felizmente, existem diversos serviços que evitam que você tenha que colocar a mão na massa em uma tarefa não relacionada com o núcleo principal de suas atividades.

Como exemplos, cito o WordPress, para ter um website decente, ou o Hootsuite, para agendar a publicação de seus posts nas diversas redes sociais. Você também pode pedir a parentes competentes para fazer a revisão do seu livro ou a um web-designer amigão para criar a capa, caso não possa contratar um profissional em sites como Fiverr ou Workana.

Por fim, aprenda técnicas para escrever mais rápido sem perder a qualidade e mantenha uma mentalidade de sucesso sempre.

Desta forma, o tic-tac do relógio pode até continuar sendo chato, mas os resultados serão muito mais prazerosos.

Desenvolva o hábito, organize-se e comece a **escrever seu livro**. Mas antes, responda algumas perguntas...

13 perguntas que você precisa responder antes de escrever um livro

*"Você não pode achar que basta apenas
escrever e os leitores virão correndo para você.
Isto é muita passividade".*
(Anita Campell)

Você sabe qual é o fator mais importante de um livro? A qualidade. No entanto, muitas vezes você se perde em um conteúdo que você "acha" que seus leitores vão gostar. Este é o ponto aonde a qualidade vai por água abaixo.

Um livro é igual a uma rodada de pôquer, é tudo ou nada. Uma boa rodada, assim como um bom livro, pode ter o mesmo engajamento de uma má rodada. Os resultados é que serão diferentes.

Você precisa criar livros com excelência com regularidade se deseja que seu conteúdo faça a diferença. O que falta? Estratégia.

Estratégia pode parecer uma palavra complicada. Um bom exemplo disto está no filme Tropa de Elite onde a incapacidade do roteirista em pensar em uma boa definição o levou a traduzir a palavra para diversos idiomas.

Estratégia é manter uma alta qualidade no conteúdo de seus livros e de todos os seus conteúdos. Estratégico é entregar informação de primeiríssima qualidade para quem lê. Já parou para pensar nisto?

A grande maioria dos livros tem como objetivo a autopromoção ou contar histórias que o autor "acha" que são interessantes. Este é o maior erro que você pode cometer. Um bom livro pensa no destinatário e não no mensageiro.

Para ajudá-lo a alcançar e manter esta qualidade listo algumas questões que você deve se fazer antes mesmo de pensar em escrever um livro.

1. Para quem escrevo?

Você já deve ter lido em algum lugar que deve escrever como se estivesse falando com uma determinada pessoa. Isto é verdade. É a melhor forma de criar um livro que realmente ecoe na mente e, principalmente, no coração de alguém.

Antes de pensar em escrever um livro, pense em seu leitor. Antes de cada capítulo, pense e escreva para ele ou ela. Porém, você escreve e publica um livro e seu leitor ideal se torna uma nuvem, pessoas diferentes com interesses diferentes.

Quando escrevo um livro, estou certo de que ele não ecoará para qualquer um.

A maioria das vezes - e eu sei disto porque sou aficionado por relatórios - só vou falar com você mesmo ou com mais uma ou outra pessoa que realmente se importa ou precisa do meu conteúdo. Eu posso mudar o foco, trocar o assunto, poucas pessoas vão realmente se importar e gostar dele. Eis mais uma razão porque entregar informação consistente e convincente é de uma importância ímpar.

Se você quer escrever um livro realmente "vendedor" - e eu sei que quando falo esta palavra muitos tremem de medo ou ódio - certifique-se de pensar exatamente como seu leitor ideal pensa, o que você pode escrever para solucionar seu problema e como você pode falar diretamente com ele em cada livro. Nunca deixe um segmento importante da sua audiência se sentindo de lado ao planejar seu livro.

2. Qual é o objetivo do meu livro?

Agora que você já sabe para quem escreve, você precisa especificar o principal objetivo do seu livro. Pode ser apenas entreter, resolver um problema, levantar uma questão ou apenas ensinar algo.

Se o objetivo é o entretenimento, você precisa aprender de verdade como fazer com que seu leitor grude na história com Araldite. O segredo está na trama. Se você pensa em escrever para satisfazer seu ego enorme, repense.

Se seu objetivo é resolver um problema, precisa identificar a abrangência e a complexidade dele antes de começar a escrever o primeiro parágrafo. Cada livro tem a grande oportunidade de solucionar um pequeno problema dentro de um enorme problema. Pense um pouco nisto.

Às vezes você quer em escrever um livro que resolva o problema de todos os chineses, mas ele não vende. Por quê? Porque eles não estão interessados na resolução do grande problema. Eles querem saber mesmo como plantar arroz na primavera mesmo sem um espaço adequado. Eis o pequeno problema.

Se o objetivo é levantar uma questão, não pense nisto a não ser que tenha milhares de leitores para que a discussão seja encorajada. Se ninguém te lê ainda ou se é seu primeiro livro, considere os outros objetivos. Não vai rolar mesmo que você use *trending topics* e outros artifícios do marketing digital para "provocar" leitores. Deixe isto para quando sua base de leitores tiver volume suficiente para que haja eco.

Agora, se o foco é ensinar, o que é diferente de resolver um problema, foque em compartilhar sua experiência, seu conhecimento, algo que seus leitores precisam, mas ainda não sabem que precisam. Tecnicamente, o leitor não sabe que tem um problema, mas você pode ensiná-lo como se prevenir.

Você pode até combinar múltiplos objetivos em um único livro se quiser, apenas tenha em mente cada um deles antes de escrever.

3. Por que meu leitor vai se importar com o livro?

Existe uma grande diferença entre seus objetivos e o objetivo do seu leitor. A função desta questão é te colocar na pele do leitor. Ela vai te ajudar a delinear seu conteúdo.

Você pode querer solucionar um problema, mas o leitor não está nem aí para ele, por exemplo. Ele não está preocupado com o problema em si, mas com a dor que ele causa. Qual a diferença?

Pessoas pagam para curar dores e não para aliviá-las. Se o leitor não tiver uma dor aguda, ele não vai comprar seu livro apenas para se certificar de que "é isto mesmo".

A cura requer imediatismo. Você precisa resolver o problema agora mesmo. O alívio é algo que pode ser obtido agora ou ao longo do tempo. Ele não é tão grave a ponto de fazer com que seu leitor queira uma solução imediata.

O problema de tentar aliviar uma dor ao invés de curá-la é que quem sofre subestima sua importância e pode continuar vivendo apesar dela.

Se o objetivo do seu livro é apenas aliviar uma dor, foque antes em fazer com que seu leitor a sinta antes de entregar a solução. Nunca parta diretamente para o "como fazer", nem mesmo considere isto no título. Antes, crie imagens da dor, faça o leitor se importar com ela.

Uma vez que o leitor "viva" a dor, ele estará disposto a ouvir sua proposta sobre a solução. Em seguida, já que você fez uma promessa, é necessário cumpri-la e resolver o problema de verdade.

4. Como minha abordagem é diferente?

Você já parou para pensar em quantos pontos de vista existem na Terra? Quantas histórias de vampiros fazem sucesso justamente por apresentarem uma visão diferente do tema? Quantos livros de autoajuda falam exatamente da mesma coisa com uma abordagem diferente?

Um olhar original é muito raro. Basta uma busca sobre qualquer assunto para ver como a grande maioria das pessoas pensa da mesma forma, se copiam, abordam um tema do mesmo ângulo. Talvez a expressão "pense fora da caixa" esteja tão cansada que você nem mesmo a considere. Não deveria.

Ofereça uma nova perspectiva e torne-se o rei na mina de ouro. Faça pesquisas e pense em como você pode apresentar uma nova perspectiva, uma forma de ver a solução que faz com que seus concorrentes exclamem "Como eu não pensei nisto antes?"

A melhor forma de fazer isto é através da pesquisa. Não adianta escrever um livro sem fazer pesquisas antes, pois você corre o risco de ser igual aos outros ou repetir um ponto de vista batido. Você pode "achar", mas seu leitor vai saber.

Uma perspectiva diferente melhora um ângulo existente, adiciona experiências pessoais únicas, agregam opiniões valorosas e, o que mais funciona, combinam visões distintas. Como assim? Vou responder com dois exemplos de não ficção: "O Monge e o Executivo" ou "Sopa de Galinha Para a Alma".

Sei que isto é como encontrar uma agulha em um palheiro. No entanto, o que vale mais, a agulha ou um amontoado de palhas? O que acontece depois você já sabe: um monte de palhas tenta se aproveitar da agulha.

Seja qual for o tema, encontre uma maneira de apresentá-lo de um ângulo original. Uma maneira simples e direta de fazer isto é fazer uma busca. Se nenhum resultado foi encontrado, você está no caminho certo.

5. Qual é a melhor forma de apresentar minha perspectiva?

Um livro é suficiente para apresentar minha visão ou devo considerar um curso online, um aplicativo, uma poesia?

Cada meio possui vantagens e desvantagens para o mensageiro e para o destinatário. Alguns têm mais poder de entretenimento, outros são mais adequados para entregar informação. Alguns são bons para uma trilogia ou uma série, outros são ótimos para uma mensagem de até 140 caracteres.

Avalie o tamanho e o objetivo de sua mensagem e escolha o meio de acordo com suas forças e fraquezas. Mais do que isto, olhe para o mercado e para seus concorrentes, veja como eles entregam seus conteúdos e analise também as ameaças e oportunidades.

6. Esta é a hora de publicar meu livro?

A razão porque muitos escritores desistem é porque estão preocupados com o momento, não olham para o futuro.

- Nossa, quanta gente falando sobre empreendedorismo digital, tenho que publicar um livro sobre o assunto!

Não faça isto. O resultado será mais uma palha. Pode até ser que você consiga alguma exposição e resultado, porém eu te pergunto: é o que você deseja no fundo do coração ou apenas a oportunidade de surfar na mesma onda, de ganhar algum dinheiro?

Recomendo de forma veemente que você faça pesquisas, analise tendências e olhe além dos narizes da multidão antes de pensar em escrever um livro apenas porque o assunto é quente no momento.

7. Quando vou publicar meu livro?

Antes de começar a escrever, você precisa estabelecer uma data de entrega razoável. Entenda como razoável um prazo que te permita produzir um conteúdo de primeira sem que sobre tempo para relaxar. *Capisce*?

Você não se propôs um prazo de entrega? Tsc, tsc, tsc. Saiba que esta é a única forma de publicar livros com frequência e não ficar atado a uma história que não anda ou a um assunto que não motiva.

8. Como posso ir além?

Para realmente se sobressair na multidão de livros que infestam as livrarias online e off-line, você precisa criar algo excepcional.

As qualidades que tornam um livro de ficção extraordinário são interesse e poder de diversão. As que tornam um livro de não ficção notável são utilidade e praticidade.

Crie um livro que seja mais parecido com uma obra de arte do que simplesmente um arremedo de histórias ou um manual de como resolver um problema.

9. Como este livro impacta em meus próximos passos?

Você já me ouviu dizendo que nenhum escritor vive de um livro só. Se não ouviu, anote isto no seu diário de bordo agora mesmo.

Ao escrever um livro, nunca subestime a oportunidade de deixar ganchos para um próximo, para uma série, trilogia, quadrilogia ou o que seja. Tenha em mente que papel o livro que você escreve agora terá no todo.

Quando você não estiver neste mundo e os habitantes do futuro forem analisar sua obra, como você pretende ser definido?

10. Como farei com que meu livro chegue às mãos de mais e mais leitores?

Muita gente acha que basta publicar um livro e os resultados virão como abelhas em torno de um pote de mel. Sonho seu!

Qual é o papel do escritor que se preza? Escrever e vender. No passado, existiam menos escritores, tudo era muito mais fácil. A concorrência era muito menor e o marketing não era tão decisivo para o sucesso de qualquer produto. O marketing também era caro e, por isto, dependia-se de editoras.

Sim, eu sei que incutiram em sua cabeça que escritores escrevem, que o escritor de verdade não se preocupa com essas baboseiras comerciais, que o objetivo somente é escrutinar a condição humana através da profundidade das palavras. Como dizem em inglês: "*Bullshit!*"

Se você encara desta forma, reveja seus pensamentos limitantes ou aceite que esta atitude não é boa para você nem para seus leitores. Se você não se promove, nem promove seus livros, menos pessoas vão te ler. Fato!

Como bem disse Joanne Kraft, "Nem todas as pessoas do marketing são escritores, mas todo escritor deve aprender a ser marqueteiro".

Se seu livro é bom, invista na divulgação. Se você tem problemas em lidar com questões de mercado por escrever poesia, separe os horários para cada atividade e, acima de tudo, coloque em sua mente que o leitor precisa te encontrar. Não é possível deixar esta tarefa a cargo das editoras que investem em livros apenas por seu poder de conversão mercadológica.

Se, ainda assim, for difícil separar arte e comércio, encare da seguinte forma: um bom livro incentiva a leitura e o Brasil precisa de leitores. Você tem obrigação de promovê-lo.

11. Meu livro pode virar outra coisa?

Tenho certeza que J.K.Rowling já sabia, ao escrever o primeiro livro da série Harry Potter, que ele não caberia apenas em uma centena de folhas de papel bem encadernadas com capas do melhor papel couché e uma bela lombada.

Seu livro pode virar filme, série, novela, curso, treinamento e muitas outras coisas. Pode ser traduzido para diversos idiomas, levar sua mensagem para outras culturas.

Sei que sonhar não custa nada, mas ao se fazer esta pergunta antes de começar a escrever, você vai encarar o projeto todo de uma forma completamente diferente.

12. O que eu quero que os leitores façam depois de ler meu livro?

As primeiras páginas de um livro fazem com que o leitor decida se continuará a ler ou não. O sentimento ao terminar a leitura terá grande influência na compra do seu próximo livro.

- "Caramba, que livro ruim. Nunca mais leio nada desse cara!"

Para que isto não aconteça, além de entregar um conteúdo transformador, uma história consistente ou resultados verdadeiros, você precisa deixar claro que vem mais por aí. Pense em como você pode deixar o leitor com água na boca pelos seus próximos conteúdos.

13. Como eu meço os resultados?

Sou um fanático por relatórios. Monitoro cada link de cada campanha, post, e-mail e promoção que faço. Isto é chato? Muito. Mas sem acompanhar de perto os números, não tenho como saber se os resultados foram bons ou ruins.

Antes de publicar um livro, pergunte a si mesmo como você vai medir o sucesso. Pode parecer óbvio que isto será determinado pelas vendas, porém, se você não medir cada ação, como saberá o que dá certo ou não? A diferença entre o sucesso e o fracasso pode estar em uma ação específica.

Acompanhe regularmente os resultados de seu livro, antes, durante e depois do lançamento. Mais do que isto, monitore cada ação promocional que fizer para aprender o que funciona ou não na hora de divulgar seu trabalho.

Desta forma, estabeleça os parâmetros que vão determinar se você alcançou seus objetivos de uma forma clara. Quantos livros você espera vender até o dia 31 de dezembro às 23h59min? Coloque uma meta clara e trabalhe diariamente para alcançá-la. Você não imagina o poder que isto tem de gerar resultados.

Qualidade e consistência são os ingredientes do sucesso. Faça-se estas perguntas antes de escrever cada livro, artigo ou post e você criará melhores livros com frequência.

Principais Lições

Responda as perguntas abaixo antes de pensar em seu livro:

- Para quem escrevo?
- Qual é o objetivo do meu livro?
- Por que meu leitor vai se importar com o livro?
- Como minha solução é diferente?
- Qual é a melhor forma de apresentar minha perspectiva?
- Esta é a hora de publicar meu livro?
- Quando vou publicar meu livro?
- Como posso ir além?

- Como este livro impacta em meus próximos livros?
- Como farei com que meu livro chegue às mãos de mais e mais leitores?
- Meu livro pode virar outra coisa?
- O que eu quero que os leitores façam depois de ler meu livro?
- Como eu meço os resultados?

Depois de responder estas perguntas, você já está pronto para escrever seu livro com muito mais segurança. O segredo não está em focar em seus objetivos, mas no processo. Confira a seguir os passos para escrever um livro.

O Hábito da Escrita em 21 Dias

Como escrever um livro em seis passos

"Um passo atrás do outro e tudo fica pronto."
(Charles Atlas)

Escritores de primeira viagem ficam surpresos ao descobrirem que não basta apenas escrever, que é preciso planejar e estruturar, escrever e reescrever duas ou três vezes antes que algo possa ser publicado.

Talvez pensem que a escrita é uma espécie de mágica. Basta jogar algumas letras na máquina ou no computador e, em questão de segundos, o livro sai voando do outro lado. Talvez se apeguem tanto ao campo das ideias que relacionem o ato de escrever apenas com inspiração e não com trabalho duro, mão na massa e execução.

Tenha certeza de que os escritores de maior sucesso são aqueles que aplicam algum tipo de disciplina no "trabalho de escrever. A poesia ligada ao ato de colocar letras sobre o papel é importante, só que precisa de pés e mãos para tornar físico o que é metafísico. Se você quer ter sucesso como escritor, vai precisar doar muito antes de receber seus royalties.

Você pode chorar, bater o pé, dizer que não se submete à ditadura fascista das horas, ao estudo limitante das técnicas, ao processo enervante de estruturação ou a qualquer outra atividade racional demais para um "escritor puro. No entanto, saiba que não há melhor caminho do que a disciplina para se chegar a algum lugar, o que inclui publicar um livro. Sei que não é fácil. Nem precisa ser. O importante é valer a pena.

Minha sugestão é que você divida sua escrita em seis campanhas ou *drafts,* se você preferir o termo em inglês. Aqui vão elas:

Primeira Campanha - Jorre Ideias

Jorrar ideias é fazê-las brotar do solo cinzento que você carrega na caixa craniana. É felicidade pura! Procure um espaço e um tempo distantes do excesso de interrupções da vida moderna e, diante de uma caneta BIC e uma folha de papel em branco, jorre ideias sem medo.

Esta é a fase onde você sonha grande, pensa em ideias incríveis e se esgueira entre suas portinholas, tentando manter o fio da meada sem perder *la ternura*" e a grandiosidade de cada uma delas. Guarde seus julgamentos para outro dia e crie à vontade, sem se policiar. Sonhe alto, sonhe gigante, enterre os medos e passe o raio laser nas dúvidas.

Segunda Campanha - Prepare a Planta

Cheque se as ideias fluem como um rio, da nascente ao oceano. Esta é a etapa em que você desenha, rabisca no guardanapo, faz a planta do seu livro.

Delineie a história e obtenha opiniões. Você pode conversar com alguém de sua confiança, discutir a trama e obter um primeiro *feedback* para saber se a casa terá capacidade de encantar, mesmo que ainda seja apenas uma maquete.

Neste ponto, você precisa responder se quer mesmo dar vida ao livro, se o seu compromisso com a história é poderoso o suficiente para que você se doe. É quase como se preparar para fazer um filho.

Terceira Campanha - Estabeleça a Fundação da Casa

Aqui você reúne e aprofunda os materiais: personagens, história pregressa, cenas, cenários, linha do tempo, organiza e reorganiza as fichas da trama, define como fará seu protagonista enfrentar a morte sem dó nem piedade, rumo à grande transformação pela qual passará.

Se você escreve não ficção, é o momento onde organiza os capítulos e subcapítulos do seu livro, faz uma espécie de índice ainda sem conteúdo.

A fundação é quando você faz o livro funcionar antes de fazê-lo ficar bonito, é quando cimenta as bases, antes de começar a empilhar tijolos.

Muitos se esquecem que cada um de nós possui um lado cerebral mais dominante do que o outro. Se você é mais emocional, experimente se aprofundar um pouco mais na razão, na agenda, na disciplina da estruturação detalhista antes de partir direto para a próxima fase, a da escrita.

Quarta Campanha - Coloque a Mão na Massa

Hora de sentar na cadeira, descarregar palavras e mais palavras, e rechear o bolo. Este é o clímax na vida do escritor. Apenas escreva.

Se você é mais racional, experimente soltar as amarras do barco nesta hora; esqueça os planos, os roteiros e os milhões de escopos que já preparou sobre a história e deixe-a fluir. Deixe o coração mandar bala nas teclas e traga seu livro para o mundo.

Ao fim da quarta campanha, você já poderá espalhar por aí que seu novo livro está a caminho e pode até postar um *teaser* da história. Afinal, sempre é tempo de se promover, mesmo longe de qualquer data de lançamento.

Quinta Campanha - Dê o Acabamento

"Escrever é reescrever. Esta frase, que já virou lugar comum, é preciosa. A etapa de reescrita é onde as grandes melhorias acontecem. É a grande chance de seu livro se transformar realmente em um bom livro. Não o deixe de lado, não apresse o rio. Aja com a meticulosidade de um cirurgião, corte o que está sobrando, fortaleça o que está cambaleando e tenha em mente que menos é sempre melhor do que demais.

Se na fase anterior o coração é quem mandava, nesta, quem deve mandar é o cérebro. Dê um tempo entre uma etapa e outra para que a chave vire e a mente analítica assuma o controle da emoção desenfreada. Coloque um prazo, senão a tentação da perfeição irá te atormentar pelo resto da vida e seu livro nunca ganhará o oceano azul do mercado.

Sei que é difícil, temos sempre a sensação de que falta alguma coisa, mas uma hora ou outra, você precisa colocar um ponto final. Lembre-se que a perfeição leva uma eternidade. Termine bem antes disto.

Sexta Campanha - Coloque a Cobertura

Hora de cuidar dos últimos detalhes antes da publicação. É tempo de edição e revisão, de colocar os pingos nos is, matar os advérbios, reduzir os pronomes pessoais, gerúndios, de rever gramática e ortografia.

Busque o auxílio de um editor, um profissional que irá ler o livro com olhos... profissionais.

Refaça o que tiver que ser feito e mande para a revisão.

Quando estiver tudo pronto, aquele momento em que você já pode gritar: *Parla!",* publique e promova seu livro. Divirta-se com o lançamento, promoções, com o relacionamento com seus leitores, e depois cuide para que a vida volte às letras.

Recolha-se de novo e parta para outra gravidez, para a construção de uma nova casa. Não existe escritor de sucesso com um livro só.

E lembre-se: o equilíbrio é uma das principais qualidades do homem. Se seu processo for muito racional, isto pode fazer com que seu livro soe modelado demais, repleto de clichés resultantes do excesso de métodos. Se for muito emocional, pode se transformar em um devaneio difícil de acompanhar. Equilibre-se!

Antes de sair correndo para colocar seu livro no mundo, é bom **fazer um teste.**

Teste seu e-book antes de investir no impresso

"Nunca teste se o rio é fundo com os dois pés."
(Warren Buffet)

Hoje você pode publicar um e-book gratuitamente através do sistema KDP (*Kindle Direct Publishing*) da Amazon. Você pode publicar seu livro em menos de 48 horas, sem gastar nada.

Decida-se pela autopublicação, sem necessidade de ficar correndo atrás de uma editora. A minha recomendação é que você faça o seguinte:

1.   Publique seu livro no formato e-book na Amazon;

2.   Colha avaliações positivas sobre ele;

3. Se for bem avaliado, invista na divulgação e na produção de outras versões, como papel e audiobook.

Lembre-se que seu primeiro objetivo deve ser colher avaliações positivas, para ter certeza de que ele será bem aceito pelo público, antes de partir para uma divulgação mais pesada.

Se você parar para pensar, o e-book pode ser usado como uma espécie de editor do seu livro, pois as avaliações sinalizarão se vale a pena ou não continuar investindo nele.

Você publica seu e-book, os leitores fazem a avaliação e você segue em frente, ou volta alguns passos. É muito fácil alterar um e-book no KDP e as alterações também são publicadas em até 48 horas.

Se as avaliações forem positivas, invista sem medo na divulgação. Se forem negativas, reconsidere seu conteúdo.

Leia as críticas e faça ajustes para tornar seu livro melhor.

Se as críticas forem muito negativas, considere despublicá-lo. Depois, reescreva para torná-lo melhor e publique novamente com outro título e capa.

Para saber como formatar e publicar seu o e-book no KDP, baixe as instruções gratuitas em:

http://bit.ly/guia-amazon

Você também precisa aprimorar relacionamentos com prospectos, clientes e parceiros. Mas quem são eles?

O Hábito da Escrita em 21 Dias

Aprimore seus relacionamentos

"Nada liberta sua grandeza como o desejo de ajudar, o desejo de servir".
(Marianne Williamson)

A frase de Marianne Williamson explica bem um dos motivos por que algumas pessoas atingem o sucesso e outras não. Servir não é certeza de sucesso, mas todo grande case empresarial de sucesso têm em seu DNA, o desejo de servir bem o consumidor.

Roberto Shinyashiki diz que existem três formas de ser bem sucedido: ajudar a pessoa a resolver um problema, ajudar a pessoa a ganhar dinheiro, ajudar a pessoa a mudar seu padrão mental. Reparou quais as palavras que mais se repetem nestas três recomendações?

Antes de entrar nos tipos de relacionamento, é importante você manter sempre a consciência de que por trás de um e-mail, de um perfil em rede social, existe um ser humano do outro lado, uma pessoa de carne e osso e coração e cérebro com anseios, dúvidas e problemas a serem resolvidos.

Se você a tratar apenas como um registro frio do seu banco de dados, atormentá-la com e-mails irrelevantes, atazana-las com conteúdos exclusivamente promocionais e com o único intuito de ganhar dinheiro, rapidamente verá sua imagem se desgastar e ela ir embora para nunca mais voltar.

As três relações que você precisa aprimorar antes de lançar seu livro e continuar aprimorando sempre são:

1. Prospectos

Prospectos são todas as pessoas que têm grande potencial de se tornarem seus leitores, seus futuros clientes. Eles chegarão até você através de diversos canais - redes sociais, anúncios, posts de blog, indicações e outros meios – através de um lead. Um lead é uma visita que entra em suas plataformas digitais em busca de mais informações. Ao capturar uma informação de contato dela, seja um e-mail ou seu perfil social, ela se transforma em um prospecto.

A comunicação com seus prospectos precisa ser bem planejada para que o interesse em seu trabalho aumente e para que cada vez mais leads se transformem em prospectos, o que chamamos de conversão de lead, e prospectos se transformem em compradores, o que chamamos de conversão de vendas.

Hoje existem diversas formas de automação de marketing para capturar, direcionar e tentar converter o maior número possível de leads.

Para gerar mais leads para suas plataformas é fundamental conhecer a fundo o perfil de seu leitor ideal e, com isto, utilizar os melhores canais, formatos e ferramentas – de iscas digitais até anúncios pagos – para criar sua comunicação e despertar a atenção para seus produtos.

Para converter um lead em prospecto, a melhor forma é disponibilizar conteúdo gratuito - um e-book, por exemplo – em troca do seu cadastro. Conteúdo relevante e de interesse, diga-se de passagem.

Para converter um prospecto em cliente, existem diversas técnicas para aumentar o interesse deste em seus produtos até convencê-lo a comprar tais quais esteiras de vendas, descontos e outros tipos de incentivo, entre outras.

A boa comunicação, o real interesse em ajudar e o suporte quando necessário são imprescindíveis para transformar leads em prospectos e estes últimos em clientes.

2. Leitores

O cliente de um livro é o leitor, aquela pessoa que compra um livro ou produto seu e passa a fazer parte de um público seleto da sua lista. São aqueles que realmente demonstraram interesse no que você tem a dizer a ponto de colocar a mão na carteira e pagar por seu conteúdo. Eis seu leitor ideal.

Obter informações detalhadas sobre ele ao longo do tempo é um passo importante para refinar sua comunicação e obter mais retorno sobre seus investimentos em marketing.

Não preciso dizer que é preciso cuidar muito bem destes para que eles comprem novamente de você e, o mais importante, que "vendam" você. Uma dos canais mais poderosos de marketing é a recomendação e, para que leitores cheguem ao ponto de indicar seus livros para terceiros, eles precisam ter passado por uma verdadeira transformação e obtido resultados comprovados.

A transformação é imprescindível para tornar leitores em vendedores do seu livro.

3. Parceiros

Um parceiro é uma pessoa ou empresa que pode te ajudar a conquistar mais leads, mais prospectos, mais leitores. São profissionais que atuam ou têm relação direta ou indireta com seu mercado e público-alvo.

Blogueiros, autores do mesmo gênero, formadores de opinião, influenciadores, profissionais de mídia e afiliados são exemplos de parceiros que têm o poder de transformar seu negócio e de ampliar o reconhecimento da sua marca como autor, dos seus conteúdos e livros e também de dar mais credibilidade.

Construa relacionamentos sólidos com parceiros. Pense em estratégias "ganha-ganha", promova seus produtos, recomende seus livros, entreviste-os, envie press-releases e trabalhe constantemente para aumentar seu *networking*.

A ética e a transparência são os dois fundamentos das parcerias de sucesso.

Antes de sair divulgando seu livro sem lenço e sem documento é preciso pensar em algumas questões. Caso não tenha respostas para cada uma delas, você precisa começar a trabalhar uma a uma. Elas dizem respeito aos seus prospectos, clientes e parceiros.

Lembre-se que todo sucesso é composto de pequenos passos diários e não adianta querer colocar o carro na frente dos bois, em sonhar com o sucesso sem esforço, motivação e disciplina. Uma casa é construída um tijolo de cada vez.

Responda às questões abaixo e trabalhe para torná-las mais positivas:

1. Você é relevante nas redes sociais?

O que você publica é curtido, comentado, compartilhado? As pessoas gostam de você e do conteúdo que você posta nas *timelines* delas? Pense nisto, a *timeline* não é sua, mas de quem a lê. Esteja certo de que o que interessa mesmo é qualidade e não quantidade.

2. Você tem uma lista razoável de contatos de e-mails, fãs, seguidores?

Levante seus dados de acesso, cadastros, fãs e seguidores e monitore o crescimento semana após semana. Crie estratégias para ampliar seus números. Antes de tudo, conquiste amigos, muito mais do que e-mail, fã ou seguidor.

3. Você possui autoridade online, ou seja, seu trabalho é recomendado por terceiros que tenham credibilidade?

Para construir autoridade, nada melhor do que ser referenciado por outras autoridades. Procure parceiros, outros escritores, troque experiências, promova-os, divulgue-os, mostre que você é generoso. É dando que se recebe.

4. Você se relaciona com influenciadores e formadores de opinião em seu mercado?

Busque pessoas que tenham voz ativa e qualificada dentro da sua área de atuação. Procure blogs, canais do Youtube, *Fanpages*, perfis e contatos importantes para seu segmento e relacione-se com eles. Não tenha medo. Comente em seus posts, seja razoável e nunca os chateie. Uma hora você colherá o que plantou.

5. Você se relaciona com jornalistas, repórteres e tem força na mídia?

Procure por perfis de pessoas da grande mídia, siga-os no Twitter, retuíte-os, troque ideias, marque-os em publicações de interesse, seja gentil e mostre interesse genuíno. Construa relacionamentos com profissionais e de renome nos veículos e meios de comunicação.

Mas o que acontece quando se publica um livro e os **resultados** não aparecem?

Como não se frustrar com seu livro

*"Todo fracasso é um sucesso quando
a gente aprende com ele."*
(Malcolm Forbes)

Então, você suou para colocar um ponto final no livro que relutava em vir ao mundo, publicou-o na Amazon, fez uma divulgação aqui outra ali, suspirou pelos cantos imaginando sua obra nas mãos de multidões de leitores encantados e: nada!

Seu livro não se tornou um Best-Seller, tampouco você se transformou em um ESCRITOR com letras maiúsculas como sonhou um dia.

Olhando apenas para si próprio, não percebeu que já havia centenas de milhares de livros do mesmo gênero, categoria e subcategoria e não pensou em como se sobressair.

Demorou em se dar conta, também, de que todo aquele esforço agora não passaria da imagem de uma capinha imersa em um oceano de possibilidades dentro da maior livraria do mundo.

Enquanto seu ego insuflava o pensamento de que seu livro era "O LIVRO", milhões de outros egos assopravam o mesmo aos seus incautos criadores.

Você até sentiu um calor no peito quando acessou o relatório no KDP e viu que a primeira cópia fora vendida.

Porém, logo este sentimento se transformou em um passeio pelo frigorífico em um dia de inverno, pois a linha do gráfico de vendas insistia em rastejar pelo zero.

Dito isto, vou te contar algumas coisas que aprendi na vida de escritor (e também fora dela). Elas me ajudaram muito no processo de superar decepção após decepção até conseguir chegar aonde eu sonhava.

Assim, segure-se firme na poltrona e prepare-se para a "Jornada do Herói" da autopublicação a partir de citações famosas:

1. Sobre Sucesso

> *"Não existe elevador para o sucesso,*
> *você precisa pegar as escadas. "*
> *(Zig Ziglar)*

Existe uma vozinha "inocente" em nossas orelhas, e eu ainda não identifiquei se é a do mocinho ou do bandido, que canta sempre a mesma cantiga de que é possível decidir o que queremos escrever na segunda-feira, sentar diante do computador na terça, procrastinar na quarta e alcançar um sucesso estrondoso antes de postar: Oba! Hoje é Sexta-Feira!"

Saiba que todos os casos de sucessos da noite para o dia são precedidos de anos ou mesmo de décadas de esforço, de tentativas e erros, de muito aprendizado.

A verdade é que, se você não parar de idealizar o ato de escrever, de ficar esperando o momento, o lugar e a conjunção astral propícios para trazer seu livro ao mundo, tudo vai continuar na mesma.

Ou você se abanca e implanta a prática da escrita degrau por degrau ou seu livro continuará sendo um sonho (ou pesadelo!) de uma noite de verão.

2. Sobre Esforço

"Sem ambição, ninguém começa nada. Sem esforço, ninguém termina. O prêmio não será enviado para você. Você precisa conquistá-lo."
(Ralph Waldo Emerson)

A idealização do ato de escrever também se estende ao todo. A pessoa fantasia que basta colocar o ponto final no último parágrafo e logo estará dividindo o palco com J. K. Rowling em um debate acalorado sobre literatura infanto-juvenil.

Ela nem desconfia que um Best-Seller é fruto de dias e noites, e mais dias e noites, de planejamento, escrita, reescrita, edição e revisão.

O sucesso como escritor, como em qualquer outra área de atuação, é muito parecido com um iceberg. Quem olha de relance, vê apenas a ponta reluzente, uma Polaroid sorridente tirada no fim de um dia árduo de trabalho.

Não percebe que, sob a linha visível da superfície, existe uma pedra titânica de persistência, fracassos, sacrifícios, bons hábitos e dedicação.

Muitos ainda acreditam que vivemos em Hogwarts.

3. Sobre Escrever

"O único tipo de escrita é a reescrita.""
(Ernest Hemingway)

Escrever é reescrever. Ponto final.

Sim, você já ouviu isto, mas é sempre bom lembrar que é na reescrita que a mágica acontece.

Particularmente, as minhas melhores ideias surgiram na hora de reescrever ou depois de um tempo pensando no que acabei de escrever.

Escrever é mais ou menos como pescar olhando para o fundo do próprio barco.

Você vê um ou outro advérbio nas frestas, o chão sujo dos clichés e o lodo das frases despejadas sem pensar.

Reescrever é como mergulhar em alto mar, onde cardumes dançam em cores elétricas sobre corais, tubarões espreitam na sombra das grutas e pérolas crescem no silêncio das ostras.

E depois de reescrever, é preciso editar, revisar e testar.

Um editor pode te ajudar a corrigir falhas estruturais, buracos na trama e corrigir erros de continuidade.

Um revisor vai te ajudar a encontrar erros ortográficos e gramaticais.

Um leitor beta pode antecipar se os leitores delta, gama e teta vão gostar do que você escreveu e sinalizar possíveis avaliações positivas (ou negativas).

No entanto, tenha em mente que a história será sempre sua. Depende apenas de você torná-la melhor do que realmente poderia ser.

4. Sobre Simplicidade

> *"Simplicidade é sobre subtrair*
> *o óbvio e acrescentar o significativo.""*
> *(John Maeda)*

Volta e meia, um autor me envia o link de seu livro e implora por ajuda para fazê-lo sair do limbo.

Gentilmente, respondo que não sou uma editora nem uma agência de propaganda, mas, mesmo assim, clico para tentar compreender se existe alguma falha gritante ou algo terrível que impeça as vendas de deslancharem.

Já não me surpreendo mais quando me deparo com capas criadas pelo próprio sem a mínima noção de design ou pelo sobrinho nerd que adora a Comic Sans (Atenção: se você não sabe o que é Comic Sans, não tente fazer sua própria capa).

Aliás, não faça sua capa se você não é um design gráfico ou um artista da comunicação visual.

Também já não me causa espanto encontrar títulos sem sal ou pimenta e descrições sem qualquer tempero.

Como autor independente, faça-me um favor:

Quando for pensar no título, capa e descrição para seu livro, lembre-se da frase sobre simplicidade acima.

Crie (e recrie!) um título sedutor, mesmo que seu livro não seja sobre cinquenta tons de alguma cor;

Contrate um designer profissional e dê uma capa decente ao seu livro. Leia *decente* como **PROFISSIONAL**;

Escreva uma descrição que não deixe outra escolha para o leitor que não seja comprar seu livro. Estude técnicas de vendas e persuasão e leia atentamente a dica seguinte:...

5. Sobre Vender

"O mundo está cheio de pessoas chatas, idênticas e sem sentido. """
(Charles Bukowski)

Imagine que você entrou na recepção de um prédio e o maior jornalista do país entra no elevador com você rumo ao trigésimo andar. Você o reconhece, cumprimenta e diz que escreveu um livro. Ele, tentando ser simpático, pergunta:

-— Sobre o que é o seu livro?"

E você, com trinta segundos ou menos para causar um grande impacto, responde:

-— É sobre ... sobre... uma história que...bem, vou falar como tudo começou... eu era criança ainda e morava no interior,... mas antes preciso te contar sobre a moral da história para você entender bem ......".

A porta se abre, o grande jornalista dá um sorriso amarelo, se desculpa porque está atrasado, deseja sucesso e desaparece para sempre da sua vida.

A primeira resposta que você precisa ter na ponta da língua é para a seguinte pergunta:

— Sobre o que é o seu livro?"

Esta resposta precisa ser clara, cativante e entusiasmada.

Agora, vamos colocar os 3 principais erros do escritor na voz do sujeito:

- O sujeito escreve um livro sobre um assunto ou tema batido, sem a menor criatividade, recheado de clichés;

- O sujeito aborda um tema sob o mesmo ponto de vista dos outros sete bilhões de sujeitos do mundo;

- O sujeito publica um livro e não fala mais sobre outra coisa no Facebook;

Para escrever um Best-Seller, é preciso ser original e criativo, pensar fora de todas as caixas.

E ser criativo não significa ser inalcançável pelos outros seres deste planeta. Você precisar fazer as pessoas acreditarem.

Siga o conselho de Oscar Wilde: ""O homem pode crer no impossível, mas nunca acreditará no improvável.".

Mantenha-se no campo do que é provável e sua história terá credibilidade, mesmo que ela se passe em uma galáxia distante.

Depois, para vender um livro, como qualquer outro produto, é preciso pensar de verdade em um plano de marketing. Eu disse *Marketing* e não *Pentelhation*.

Respeite a paciência das pessoas e aja com foco. Não adianta ficar postando sobre o livro para seus duzentos amigos porque eles não são seu público.

Poste uma vez ou outra, apenas para dar alguma satisfação sobre os rumos da sua vida, mas sem a intenção de vender para eles.

Para vender, é preciso usar as ferramentas para encontrar seus leitores ideais e interagir com eles.

Antigamente, você escrevia um livro e perguntava se o leitor tinha gostado.

Hoje, você pergunta sobre o que o leitor gosta e depois escreve o livro.

6. Sobre Expectativas

"Aja Sem Expectativas.""
(Lao Tsé)

Eu sei que você já ouviu e leu dezenas de histórias de sucesso de autores que surgiram do nada e hoje têm unidades de livros vendidos na casa dos "zilhões".

Para cada um deles, existem "trezilhões" de outros escritores que pagam suas contas através de outras atividades. E não há nada de mal nisso.

O fato é que, quando tratamos de expectativas, o paradoxo é inevitável.

Você precisa, ao mesmo tempo, baixá-las para evitar o desapontamento e elevá-las para poder atrair coisas positivas em sua vida.

Sim, você já cansou de ler que não deve dar bola para pensamentos limitantes, como pode parecer, a princípio, a citação do autor do Tao Te King, acima.

Vou completar o pensamento com outra frase dele:

"O objetivo de toda ação é a eficácia".

Então, ao invés de agir com base em suas expectativas, aja pensando em ser eficiente.

E o que é preciso fazer para ser eficiente na vida de escritor sem se desapontar?

Dar o primeiro passo e subir o degrau do planejamento?

Missão cumprida!

Dar o segundo passo e subir o degrau da escrita?

Missão cumprida!

E seguir adiante nos outros degraus da reescrita, edição, produção, lançamento, promoção e inovação.

Se você precisar de uma ajuda, vou fundo em cada um deles em meu curso ""Lance um Livro". Mais detalhes no final deste e-book.

7. Sobre a Felicidade

"Não há regras para a felicidade"."
(Victor Hugo)

A verdade é que a infelicidade pode te dar muitas coisas que a felicidade não pode.

É mais comum ser infeliz do que feliz na sociedade em que vivemos.

Se você é feliz, há algo errado com você. Você é um impostor e está escondendo algo...

Assim, se você quer seguir infeliz culpando tudo e todos pelo insucesso do seu livro, este é um direito garantido pelo mundo ao seu redor.

Culpe seu trabalho que não te deixa tempo de sobra para escrever, culpe sua mulher ou seu marido, ou seu pai, ou sua mãe, que vivem te dizendo que ser escritor - assim como o amor - não enche barriga.

Uma leitora, por exemplo, me culpou por desanimá-la sobre a ideia de traduzir seu livro para outros idiomas.

Provavelmente, ao começar a ler meu artigo, estava esperando algum feitiço do tipo: "Translatum! Agoram!".

Apesar da frase do Victor Hugo que abre esta dica, há sim duas regras para a felicidade:

Regra número 1: Deixe o passado para trás e o futuro para frente.

Regra número 2: Encha-se do vazio. (Medite a vontade sobre isso!)

Portanto, atue no presente, não aja com base em expectativas e busque a eficiência.

Não se entupa com delírios de grandeza. Não pense que você irá se tornar um John Grisham de hoje para amanhã.

Pode até acontecer, mas não acontece fácil nem acontece com frequência, muito pelo contrário.

Mas também não fique parado com a boca escancarada cheia de dentes esperando a morte chegar, como bem dizia o grande gênio Raul Seixas.

Estabeleça metas menores e alcançáveis e comece a agir a partir delas.

Trabalhe com eficácia, ou seja, faça o que tem que ser feito. Quebre o todo em partes e faça uma coisa de cada vez.

Trabalhe com eficiência, ou seja, faça bem feito. Estude técnicas de escrita, seja produtivo e aprimore sua escrita e seu marketing dia após dia.

Trabalhe com efetividade, ou seja, faça a coisa certa. Escreva livros que proporcionem experiências fantásticas para seus leitores e cuide da qualidade do conteúdo ao acabamento.

Escrever não é fácil. A autopublicação não é fácil.

Mas se você realinhar suas expectativas para dar um passo atrás do outro, tenho certeza que não vai se decepcionar se as coisas não saírem do jeito que você esperava.

O melhor conselho que posso te dar para seu livro não ser esquecido é: promova-o todos os dias. A seguir, algumas dicas para isto.

10 dicas para promover seu livro

*"Nem todas as pessoas do marketing são escritores,
mas todo escritor deve aprender a ser marqueteiro"*
(Joanne Kraft)

Um livro é como um filho. Não basta trazê-lo ao mundo, é preciso cuidar muito bem para que ele cresça saudável. Isto significa que você precisa promover seu livro todos os dias. Eis algumas dicas:

1. Construa sua presença digital

Crie seu hub – website e blog - e alimente uma comunidade ao redor dele. Atualize, transforme conteúdos em texto, imagem e vídeo em canais de marketing para seus livros. Interaja, responda a comentários, comente em blogs de outros autores e websites dentro do seu segmento. Permaneça, invista em SEO e escale o ranking de busca do Google e outros buscadores nas palavras-chave do seu segmento. Este é um trabalho árduo que requer tempo e paciência. Tanto no site, quanto no blog, quanto nas landpages dos livros, capture e-mails de seus leitores e construa uma base de e-mails para futuras promoções.

2. Crie uma landpage para seu livro

Crie uma landpage promocional do seu livro. Uma landpage é uma página web única com apenas uma "chamada para ação". Neste caso, a chamada deve ser para a venda. Coloque a imagem da capa, a descrição e um botão bem chamativo de COMPRAR. Você pode criar landpages adicionais para fortalecer seu hub, como páginas específicas para aumentar seu mailing ou promover um evento e trabalhar cada uma delas através das ferramentas promocionais. Crie links entre as landpages e seu hub, insira links para o hub em sua assinatura de e-mail e promova cada uma delas em suas redes sociais.

3. Construa sua Presença Social

Cuide para que todas as redes sociais de que participa saibam que você é um autor. Seja sutil, promova seu livro no Facebook e do Twitter, coloque apenas um post falando do lançamento de cada um e responda perguntas quando solicitado. Participe de TODAS as redes, mesmo que não seja uma participação efetiva. Escolha uma delas para principal e replique conteúdo nas outras. Não deixe que isto tome um tempo precioso que poderia ser destinado a escrever outros livros ou posts. Monte uma rotina de "socialização" diária com tempo limitado.

Avise seus amigos mais íntimos, colegas de profissão e familiares através de um e-mail personalizado ou mensagem direta, peça para que ajudem a divulgar, se possível.

Peça um review para quem comprar também. Mas não force a barra, não se torne um marqueteiro chato ou pode ganhar um bloqueio ou ser excluído de algumas amizades.

4. Escolha com cuidado as Categorias na Amazon

Escolha muito bem as categorias do seu livro na Amazon. Uma simples troca ou adição de categoria pode alterar o volume de vendas de um dia para o outro. O importante aqui é escolher duas categorias que mais se encaixam dentro do perfil do seu público-alvo e fazer testes entre as subcategorias para checar em qual delas as vendas são mais expressivas.

5. Divulgue para a imprensa

Crie um press release. Um bom press release deve informar qual é a notícia, por que se trata de uma boa notícia, descrever o livro e o autor, a quem se destina e informar qual a fonte da notícia, neste caso, seus contatos. Tenha em mente que jornalistas procuram boas estórias e não bons livros.

Você também pode contatar jornalistas especializados, que trabalham em meios de comunicação voltados para o tema do seu livro, apresentar-se e fazê-los saber que você está disponível para entrevistas e para comentários sobre o tema.

6. Imprima

Por mais que o e-book venda mais do que a versão papel, é sempre bom ter algumas versões impressas por perto. O Create Space imprime nos Estados Unidos e entrega em qualquer lugar do mundo cópias a custo de autor, mais frete. Um livro impresso, por mais que não vá para as livrarias, satisfaz os "amantes do cheiro do papel", aqueles que relutam a ler através dos novos meios digitais.

Você também pode enviar cópias para a imprensa junto com os releases ou presentear amigos, parentes ou vender as cópias em eventos e palestras.

7. Faça vídeos

Crie um "Book Trailer", um trailer em vídeo do seu livro e coloque no Youtube e no seu hub. Seja breve, no máximo três minutos, transmita o clima do livro, seja direto sem entregar o jogo, utilize uma boa trilha da qual possua direitos ou seja livre e, acima de tudo, entretenha. Vídeo é entretenimento.

Insira links e indicações de como comprar. Crie outros vídeos dentro de sua área de atuação, dê dicas, faça reviews e seja reconhecido em sua expertise.

8. Anuncie

Crie campanhas de lançamento do seu livro, em especial no Google Adwords e no Facebook Ads. Defina um orçamento, controle o investimento, direcione corretamente os anúncios por palavras-chave e por perfil do público-alvo e monitore. Faça campanhas curtas durante o período de lançamento somente, encerre e analise os resultados.

Não utilize o PPC eternamente, já que o ticket médio do livro é baixo e não banca os custos de uma campanha permanente. Você vai acabar gastando mais em anúncios do que recebendo royalties. A estratégia aqui é gerar um buzz em torno do seu livro.

9. Capriche no título e na capa

Como já foi dito, o título é 90% do marketing. Então, cuide para que seu título seja atraente. Crie e produza uma capa profissional. Nunca utilize fundo branco, pois irá desaparecer na Amazon, não abuse de cores nem de tipologias. Observe o contraste entre tipologia e fundo, crie uma identidade visual e, acima de tudo, seja consistente.

10. Publique mais de um livro

Um livro vende, dois vendem mais ainda. Principalmente se os assuntos forem correlatos. As palavras-chave da busca da Amazon e o nome do autor ajudam na referência entre eles, mas você também pode e deve dar uma força, inserindo links cruzados dentro dos livros. Se um leitor gostou do seu primeiro livro, pode já ficar sabendo do segundo antes mesmo de terminá-lo e partir para a compra em um clique.

O Hábito da Escrita em 21 Dias

Conclusão

Fico feliz de você ter se interessado pelo conteúdo deste e-book. Agora é se programar para sentar na cadeira e escrever todos os dias. Quanto mais você praticar, mais a escrita se tornará um hábito em sua vida.

Eu te dei algumas razões para escrever, mostrei algumas técnicas para desenvolver o hábito de escrever e organizar seu tempo para a escrita e treinar. Cabe a você, agora, definir suas razões e seguir adiante, escrever um bom livro e trabalhar em sua divulgação.

Porque não basta escrever e publicar um livro. É preciso promovê-lo todos os dias. Use as ferramentas de marketing online disponíveis, construa sua plataforma de autor, trabalhe com afinco para fazê-lo chegar a cada vez mais leitores e busque sempre obter avaliações positivas e testemunhais.

Espero que você utilize bem estas lições e escreva um livro incrível, que cative e transforme seu leitor. Sem dúvida, a melhor estratégia de marketing que um livro pode ter.

Sucesso!

EldesSaullo.com

Sobre o Autor

Escrevo para quem escreve.

Meus livros mostram razões, estratégias, técnicas e passos para você planejar, escrever, publicar e lançar melhores livros e para ampliar sua credibilidade e visibilidade como autor independente.

Meu objetivo é motivar quem escreve pelos caminhos da autopublicação e da autopromoção, porque incentivar a escrita é uma forma de incentivar a leitura.

Escritores, blogueiros, roteiristas, especialistas, produtores de conteúdo e redatores encontrarão em meus livros informação de alta qualidade pelo preço de um café.

Em meu tempo livre, gosto de filosofar, desenhar, jogar futebol, ler e... ESCREVER. Sim, também escrevo nas horas vagas!

Inscreva-se em minha *newsletter* e receba conteúdos gratuitos sobre autopublicação, escrita criativa e analítica e marketing de livros. Cadastre-se em **livrosquevendem.com/newsletter** e acompanhe meu blog em **eldessaullo.com**

Saiba mais sobre meus outros livros e cursos nos links a seguir:

Livros Publicados

Confira a lista completa de livros publicados por Eldes Saullo em:
www.eldessaullo.com/livros

Eis alguns deles:

- Escrevendo Romances – Como Escrever Histórias de Amor Que Apaixonam

- Escrevendo Terror – Como Escrever Histórias Sobrenaturais de Arrepiar

- E-book Marketing - 50 Maneiras de Promover Seu Livro e Vender Mais

- E-book em 48 Horas – Como Escrever um Best-Seller de Negócios ou Autoajuda

- E-book Expert – Como Planejar, Pesquisar o Mercado e Escrever Um Livro de Não Ficção Extraordinário

- Seu Livro no Kindle - Como Escrever e Publicar Seu Livro na Amazon e no Kindle

- Seu Livro Impresso no CreateSpace: Como Publicar um Livro em Papel para Venda Sob Demanda

- Seu Livro Infantil no Kindle – O guia ilustrado de como criar e publicar um e-book infantil na Amazon

- Capas Que Vendem - Os Segredos das Capas de Livros Que Atraem

- Planejando Livros de Sucesso - O Que Especialistas Precisam Saber Antes de Escrever um Livro

- 150 Nichos Quentes – Como Identificar Segmentos de Mercado Poderosos e Lucrar com Eles

- Um Passeio pelo Bosque da Criação – A Gênese do Escritor nos Versos do Princípio

Confira Também Meus Cursos e Serviços Online

Curso para Escritores de Ficção
www.segredosdobestseller.com

Curso para Escritores de Não Ficção
www.lanceumlivro.com

Curso Escrever Transforma
bit.ly/escrevertransforma

Edição e Revisão
www.livrosquevendem.com/servicos

Design de Capas
www.livrosquevendem.com/capas

Contatos

E-mail
eldes@lanceumlivro.com

Redes Sociais
facebook.com/livrosquevendem
twitter.com/eldessaullo/
br.linkedin.com/in/eldessaullo

Avalie

Eu espero que você tenha gostado deste livro. Ficarei muito feliz se você postasse uma avaliação sobre ele na Amazon. Receber avaliações me emocionam e eu estou ansioso para ler o que você pensa. Se possível, mencione que capítulo você achou mais útil e por quê. Para isto, basta acessar a página do livro na Amazon e clicar no botão "Escreva Uma Avaliação".

Se você tem alguma crítica ou sugestão que possa melhorar este livro ou encontrou algum erro, por favor, me envie um e-mail para eldes@lanceumlivro.com.

Você também pode me seguir no Twitter onde meu nome *nick* é @eldessaullo. Envie-me um tuite com o que você achou deste livro e, provavelmente, eu te seguirei de volta.

Se você gostou deste livro, será sensacional se você puder indicá-lo para seus amigos. Talvez você conheça alguém que possa se beneficiar deste conteúdo.

Um forte abraço e sucesso no seu caminho!

Muito obrigado e até a próxima!

Com amor e gratidão,

Eldes Saullo
www.eldessaullo.com

O Hábito da Escrita em 21 Dias

Sobre a Casa do Escritor

A Casa do Escritor é uma consultoria de autopublicação independente que presta serviços e auxilia escritores no processo de publicação e divulgação de seus livros. Se você tem interesse em publicar e lançar um livro, envie um e-mail para **eldes@lanceumlivro.com** com o assunto CASA DO ESCRITOR.

Conheça os livros publicados em **casadoescritor.com.br**

O Hábito da Escrita em 21 Dias

O Hábito da Escrita em 21 Dias